La princesse qui pue qui pète

et le prince pas très charmant

Casterman
Rue Haute 139
1000 Bruxelles
Belgique

www.casterman.com

ISBN : 978-2-203-22216-8
N° d'édition : L.10EJDN002438.A003

Achevé d'imprimer en mars 2023, en Espagne par Edelvives
(Ctra Madrid km 315,7, 50012 Saragosse).
Dépôt légal : juin 2021; D.2021/0053/176
Déposé au ministère de la Justice, Paris (loi n°49.956 du 16 juillet 1949 sur les publications destinées à la jeunesse).

PEFC PEFC/14-38-00260

Marie Tibi

Thierry Manes

La princesse qui pue qui pète et le prince pas très charmant

casterman

En ce matin de juin, la princesse Castille
de Bonaloi se rend à la ferme de Mathurin.

Là, elle est toujours accueillie comme une reine.
Elle adore faire des concours de pets avec
Armand, le fils du fermier, et gratouiller le bidon
des porcelets qui se tortillent dans la gadoue.

Ce n'est pas une princesse ordinaire, ça c'est
sûr, mais pour ses parents, le roi et la reine,
le plus important est que leur fille soit heureuse.
Même si elle ne sent pas toujours bon...

– Que fait-on aujourd'hui ? demande-t-elle à Mathurin.
– Il faut nettoyer la cage des lapins.

Le poney a besoin d'être brossé,

on doit nourrir les oies et les cochons
et ramasser tout le crottin.

– C'est parti ! s'écrie joyeusement Castille.

Après avoir aidé à la ferme, Castille revient
au château crottée et décoiffée.
La reine Guillemette a du mal à trouver un coin propre
sur sa joue pour lui faire un bisou.
– Va te changer, ton père le roi Clotaire organise
un grand tournoi cet après-midi.
Pour l'occasion, le seigneur Fulbert de Pacotille,
Dame Berthe et leur fils Gontran viennent d'arriver.
Fulbert a fort belle prestance, mais Castille trouve
le prince Gontran un brin pincé et prétentieux.

Une fois son minois débarbouillé, Castille rejoint ses parents et leurs invités. Gontran de Pacotille, qui rêve secrètement d'épouser une princesse, se met à roucouler bêtement.

– Te voilà enfin jolie, ma foi ! C'est bien comme cela que j'aime que soit une princesse ! dit-il avec un sourire béat. Étais-tu tombée de cheval, tantôt, pour avoir l'allure d'une Cendrillon ?
– Ben non, répond Castille. J'étais à la ferme voisine où je prends soin des cochons et des oies.
– Ce n'est pas le rôle d'une fille de roi ! Laisse donc ce travail dégoûtant aux paysans.
Castille pense qu'il est bien méprisant, ce Gontran. On dirait un jeune coq sur un tas de fumier.

La fête a lieu non loin de la ferme. Armand et Mathurin sont venus assister au tournoi. La joute commence.

Gontran tente l'épreuve du mannequin de paille qu'il faut toucher d'un coup de lance. Il se trémousse en gloussant comme un dindon pour se faire remarquer par Castille. Il rate une fois, rate deux fois et rate encore, lamentablement.

Ce spectacle ennuie Castille qui regarde distraitement en direction de la ferme qu'elle aime tant. Elle remarque alors quelque chose d'inquiétant. Un des porcelets dont elle s'occupe souvent est tombé dans la mare toute proche. Il va se noyer !

PLOUF
CROA !

Le petit cochon pousse des cris déchirants.
– Gontran, fais quelque chose ! Avec ton cheval, tu y seras plus rapidement. Tu peux le sauver, crie Castille, affolée.

Le prince fronce le nez, tel un chat grattant dans sa litière.

– Je ne vais quand même pas patauger dans la boue pour un goret qui pue et salir ma tunique toute neuve !

Armand réagit plus vite que l'éclair.
– J'y vais ! lance-t-il en sautant sur le dos d'un mulet.
Castille remonte sa robe pour courir derrière lui.

Le garçon plonge dans l'eau froide et ramène
le cochon. Ouf ! Il est arrivé à temps.
Le porcelet tout trempé se réfugie dans
les bras de la princesse.

Le roi Clotaire félicite Armand.
– Voilà bien un acte de bravoure digne d'un chevalier !
Tu as ta place parmi nous au grand banquet de ce soir, jeune fermier.

Gontran proteste en marmonnant.
– Et moi ? Personne ne me félicite ?
J'ai quand même touché le mannequin de paille...
presque du premier coup !
– Tu ne t'es pas piqué au moins ? sourit Castille.

Le soir venu, Gontran, qui se pavane comme un paon,
entre dans la chambre de Castille.
– Ces boucles et ce diadème vous vont à ravir, ma mie.
La Cendrillon de tantôt est devenue bien mignonne,
dit-il en voulant caresser sa joue.

– Qui t'a autorisé à me toucher ? répond Castille. Nous n'avons pas gardé les cochons ensemble, mon vieux ! Si tu avais de la noblesse et du courage, tu aurais agi pour sauver le porcelet. Tu n'as rien d'un prince à mes yeux !

Gontran ne veut pas renoncer à la princesse de ses rêves :

– Je vais demander ta main au roi. Nous nous marierons quand nous serons grands. Tu n'iras plus te salir au milieu des cochons. Pendant que j'irai guerroyer, tu apprendras l'art de la broderie. Voilà un travail convenable pour une princesse digne de ce nom.

Ce prince de Pacotille est carrément insupportable !
— Il n'y a pas de sot métier, il n'y a que de sottes gens. Et tu en fais partie, Gontran.
De plus, ce n'est sûrement pas toi qui décideras pour moi ce que je veux faire de ma vie.
Être fermière, gardienne de phare ou docteur réparacœur, ça sera MON choix !

Castille rejoint Armand, son ami de toujours. Il n'est peut-être pas un prince, Armand, mais il a un noble cœur. C'est lui qui a conquis celui de la princesse de Bonaloi.

Elle mange avec les doigts, elle pue et pète parfois,
mais elle est généreuse et a du caractère.
C'est une vraie princesse, notre Castille de Bonaloi.
Et ce n'est pas juste parce qu'elle est fille de roi !

casterminouche

Une histoire et on se couche !

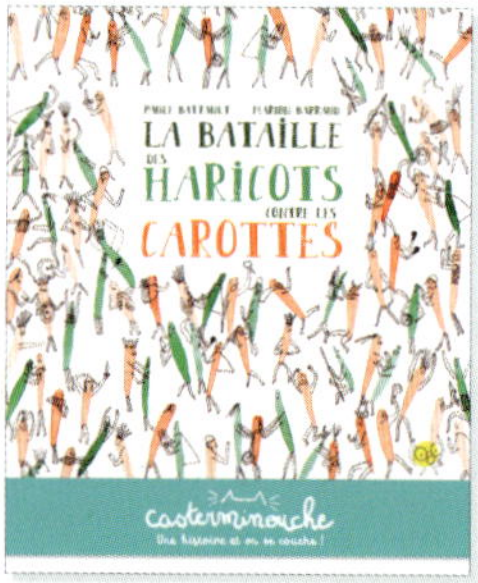

PLOG
L'ÉLÉPHANT QUI SE CHERCHAIT UN MÉTIER
casterminouche
Une histoire et on se couche !

LE POUVOIR MAGISTOFIQUE
casterminouche
Une histoire et on se couche !

Toutou Ptichien
casterminouche
Une histoire et on se couche !

PAULE BATTAULT
AMÉLIE GRAUX
MON PAPA, C'EST LE PLUS FORT DU MONDE
casterminouche
Une histoire et on se couche !

L'ENNEMI JURÉ
casterminouche
Une histoire et on se couche !

Michel Piquemal
Laure Du Faÿ
LE JOUR où mon TONTON s'est rendu compte que son POISSON ROUGE était un ESPION
casterminouche
Une histoire et on se couche !

J'habite une famille
casterminouche
Une histoire et on se couche !

999 têtards
casterminouche
Une histoire et on se couche !

Marie Tibi
Thierry Manes
La princesse qui pue qui pète
casterminouche
Une histoire et on se couche !

Marie Tibi
Thierry Manes
La princesse qui pue qui pète
et le prince pas très charmant
casterminouche
Une histoire et on se couche !

Marie Tibi
Thierry Manes
La princesse qui pue qui pète
et Cunégonde l'insupportable
casterminouche
Une histoire et on se couche !

LE TEMPO DE BAMBOLÉO
casterminouche
Une histoire et on se couche !

GASTON GROGNON
À FOND LES BANANES
Suzanne Lang
Max Lang
casterminouche
Une histoire et on se couche !

GASTON GROGNON
SUPER MÉGA GROGNON
Suzanne Lang
Max Lang
casterminouche
Une histoire et on se couche !

BONNE NUIT LES MONSTRES !
casterminouche
Une histoire et on se couche !

ANAÏS VACHEZ
ANTONIN FAURE
mes 1001 cabanes
casterminouche
Une histoire et on se couche !